ITALIAN SHORT STORIES FOR BEGINNERS AND INTERMEDIATE LEARNERS

Engaging Short Stories to Learn
Italian and Build Your Vocabulary

1st Edition

LANGUAGE GURU

ISBN: 978-1-950321-20-9

TABLE OF CONTENTS

INTRODUCTION

W

e all know that immersion is the tried and true way to learn a foreign language. After all, it's how we got so good at our first language. The problem is that it's extremely difficult to recreate the same circumstances when we learn our second language. We come to rely so much on our native language for everything, and it's hard to make enough time to learn the second one.

We aren't surrounded by the foreign language in our home countries. More often than not, our families can't speak this new language we want to learn. And many of us have stressful jobs or classes to attend regularly. Immersion can seem like an impossibility.

What we can do, however, is gradually work our way up to immersion no matter where we are in the world. And the way we can do this is through extensive reading and listening. If you have ever taken a foreign language class, chances are you are familiar with intensive reading and listening. In intensive reading and listening, a small amount of text or a short audio recording is broken down line by line, and every new word is looked up in the dictionary.

Extensive reading and listening, on the other hand, is quite the opposite. You read a large number of pages or listen to hours and hours of the foreign language without worrying about understanding everything. You look up as few words as possible and try to get through material from start to finish as quickly as you can. If you ask the most successful language learners, it's not intensive reading and listening but extensive that delivers the best results. Volume is much more important than total comprehension and memorization.

In order to be able to read like this comfortably, you must practice reading in the foreign language for hours every single day. It takes a massive volume of text before your brain stops intensively reading and shifts into extensive reading.

This book hopes to provide a few short stories in Italian you can use to practice extensive reading. These stories were written for both beginner and intermediate students in mind, so they should be a little easier to digest compared to native Italian. While it's no substitute for the benefits of reading native Italian, we hope these stories help build confidence in your reading comprehension skills overall. They offer supplementary reading practice with a heavy focus on teaching vocabulary words.

Vocabulary is the number one barrier to entry to extensive reading. Without an active vocabulary base of 10,000 words or more, you'll be stuck constantly looking up words in the dictionary, which will be sure to slow down your reading. To speed up the rate at which you read, building and maintaining a vast vocabulary range is absolutely vital. This is why it's so important to invest as much time as possible into immersing yourself in native Italian every single day. This includes both reading and listening.

We hope you enjoy the book and find it useful in growing your Italian vocabulary and bringing you a few steps closer to extensive reading and fluency!

HOW TO USE THIS BOOK

To simulate extensive reading better, we recommend keeping things simple and using the short stories in the following manner. Read through each story just once and no more. Whenever you encounter a word you don't know, try to guess its meaning using the surrounding context. If its meaning is still unclear, check the vocabulary list at the end of the story. Alternatively, you could even start each story by taking a quick glance at the vocabulary list to familiarize yourself with any new words.

After completing the reading for each chapter, test your knowledge of the story by answering the comprehension questions. Check your answers using the answer key located at the end of the book.

Memorization of any kind is completely unnecessary. Attempting to push new information into your brain forcibly only serves to eat up your time and make it that much more frustrating when you can't recall it in the future. The actual language acquisition process occurs subconsciously, and any effort to memorize new vocabulary and grammar structures only stores this information in your short-term memory.

If you wish to review new information that you have learned from the short stories, there are several options that would be wiser. Spaced Repetition Systems (SRS) allow you to cut down on your review time by setting specific intervals in which you are tested on information in order to promote long-term memory storage. Anki and the Goldlist Method are two popular SRS choices that give you the ability to review whatever information you'd like from whatever material you'd like.

It's also recommended to read each story silently. While reading aloud can be somewhat beneficial for pronunciation and intonation, it's a practice aligned more with intensive reading. It will further slow down your reading pace and make it considerably more difficult for you to get into extensive reading. If you want to work on pronunciation and intonation, take the time to do it during SRS review time. Alternatively, you could also speak to a tutor in the foreign language to practice what you learned.

Trying to actively review everything you learn through these short stories will slow you down on your overall path to fluency. While there may be an assortment of things you want to practice and review, the best way to go about internalizing new vocabulary and grammar is to forget it! If it's that important, it will come up through more reading and listening to more Italian. Save the SRS and other review techniques for only a small selected sample of sentences you feel are the most important. Languages are more effectively acquired when we allow ourselves to read and listen to them naturally.

And with that, it is time to get started with our main character Adriano and the eight stories about his life. Good luck, reader!

CAPITOLO 1 : CIBO

Adriano è a dieta ormai da quattro settimane consecutive, ed ha già perso cinque chili. Il suo nuovo regime alimentare è molto severo, ma lo rispetta con estrema attenzione.

La sua colazione consiste in una tazza di farinata d'avena al microonde, con acqua o latte. Accompagna i cereali con una banana, delle fragole o un mango. E poi, ovviamente, che colazione sarebbe senza una bella tazzina di caffè?

Per pranzo Adriano preferisce un pasto leggero, lo scopo è massimizzare la perdita di peso, quindi solitamente sceglie un'insalata di spinaci. La condisce con carote, cipolle, cetrioli, fagioli, crostini e noci. Le salse sono normalmente molto caloriche, per questo ne mette davvero poche. Se l'insalata non basta a saziarlo, potrà concedersi una minestra. Di solito è al pomodoro, la sua preferita.

Per cena potrà scegliere in base a ciò che vuole in una determinata sera. Potrebbe farsi una pasta con delle verdure cotte in olio d'oliva e spezie italiane. Oppure del riso e fagioli, con sughetto a base di aglio e cipolla. Anche un piatto di curry thailandese con cavolo e patate dolci non sarebbe male. Ognuno di questi piatti necessiterebbe di un po' di tempo di cottura, ma ne varrebbe la pena.

Tutto andava bene per Adriano fino alla quinta settimana. Come molti di noi svolge un lavoro stressante ed impegnativo, quindi non sempre aveva abbastanza tempo per prepararsi ogni pasto. I suoi livelli di energia iniziarono a calare, mentre appetito e fame crescevano rapidamente.

Ben presto, la sua piccola ciotola di farinata d'avena della colazione diventò una grande coppa di cereali zuccherati. E il caffè nero era stato affogato in una panna ad alte calorie.

L'insalata del pranzo si trasformò in cibo da fast food, perché Adriano era sempre in ritardo alle riunioni. All'inizio beveva acqua assieme a tutti i pasti, ma la coca cola aveva preso il suo posto.

Dopo poco tempo anche la cena perse ogni speranza. Adriano tornava a casa sfinito dal lavoro, e non riusciva proprio a cucinare. Una pizza, del gelato, le patatine fritte e gli snack erano soltanto alcune delle opzioni più facili, e lo aiutavano ad alleviare l'ansia nella sua mente.

Diverse settimane dopo aveva ripreso tutti e cinque i chili che aveva perso e ne aveva addirittura messi su altri cinque! Questo fallimento faceva sentire ancora peggio il povero Adriano. Promise a se stesso che nella sua prossima dieta sarebbe stato ancora più severo, e avrebbe mangiato anche meno.

Sfortunatamente, non si era reso conto che l'enorme calo di calorie stava causando un crollo altrettanto massiccio dei suoi livelli di energia, portando a delle grosse voglie di cibo spazzatura. Gli ci sarebbero voluti molti tentativi prima di capire finalmente che la mossa più saggia sarebbe stata iniziare la dieta con tanto cibo sano, per poi ridurre lentamente le calorie.

Vocabolario

- cibo --- food

- dieta --- diet

- perdere peso --- losing weight

- chili --- kilos (kilograms)

- prima colazione --- breakfast

- farinata d'avena --- oatmeal

- microonde --- microwave

- latte --- milk

- banana --- banana

- fragola --- strawberry

- mango --- mango

- tazzina di caffè --- cup of coffee

- pranzo --- lunch

- pasto leggero --- light meal

- insalata di spinaci --- spinach salad

- carote --- carrots

- cipolle --- onions

- cetrioli --- cucumbers

- fagioli --- beans

- crostini --- croutons

- noci --- walnuts

- salse --- dressing

- calorie --- calories

- davvero poche --- very little

- saziarsi --- to satisfy, to satiate

- minestra --- soup

- pomodoro --- tomato

- preferito --- favorite

- cena --- dinner

- scegliere --- to choose

- sera --- evening

- pasta con delle verdure --- pasta and vegetable mix

- olio d'oliva --- olive oil

- spezie italiane --- Italian spices

- riso --- rice

- sughetto a base di aglio e cipolla --- garlic and onion based sauce

- piatto di curry thailandese --- Thai curry dish

- cavolo --- cabbage

- patata dolce --- sweet potato

- piatti --- dishes, plates

- cottura --- cooking

- lavoro stressante ed impegnativo --- stressful and demanding job

- preparare un pasto --- to prepare a meal

- energia --- energy

- appetito --- appetite

- fame --- hunger

- grande coppa --- bowl

- cereali zuccherati --- sugary cereal

- caffè nero --- black coffee

- panna ad alte calorie --- high calorie cream

- cibi da fast food --- fast food meals

- pizza --- pizza

- gelato --- ice cream

- patatine fritte --- french fries

- snack --- snacks

- ansia --- anxiety

- prendere peso --- to gain weight

- severo --- strict

- voglie --- cravings

- cibo spazzatura --- junk food

- cibo sano --- healthy food

- ridurre le calorie --- to cut down on calories

Domande di comprensione

1. Quante salsine ha messo Adriano sulla sua insalata?
   A) Nessuno
   B) Un mucchio
   C) Davvero poch
   D) La affoga nel condimento

2. Qual è il pasto preferito di Adriano per cena?
   A) Una pasta con verdure cotte in olio d'oliva e spezie italiane
   B) Riso e fagioli conditi con salsina all'aglio e cipolla
   C) Un piatto di curry thailandese con cavolo e patate dolci
   D) La storia non dice qual è il piatto preferito da Adriano.

3. Cosa è successo durante la quinta settimana della dieta di Adriano?
   A) I suoi livelli di energia hanno iniziato a crescere mentre appetito e fame stavano crollando rapidamente.
   B) I suoi livelli di energia hanno iniziato a cadere mentre appetito e fame stavano crescendo rapidamente.
   C) I suoi livelli di energia erano rimasti gli stessi mentre appetito e fame stavano crescendo rapidamente.
   D) I suoi livelli di energia hanno iniziato a crollare mentre appetito e fame erano rimasti gli stessi.

4. Pizza, gelato, patatine fritte e snack sono generalmente considerati...
   A) cibo sano.
   B) una colazione ben bilanciata.
   C) cibo spazzatura.
   D) alimenti ipocalorici.

5. Se Adriano ha iniziato la sua dieta a 90 chili, quanti ne pesava
   alla fine della storia?
   A) 85 chili
   B) 90 chili
   C) 95 chili
   D) 100 chili

English Translation

Adriano has been on a diet now for four weeks and has already lost five kilos. His new diet is very strict, but he follows it extremely closely.

For breakfast, he eats a small bowl of oatmeal cooked in the microwave with either water or milk. He also has a serving of fruit with his oatmeal, like a banana, strawberries, or a mango. And of course, what breakfast would be complete without a cup of coffee?

For lunch, Adriano prefers to eat a light meal to maximize his weight loss, so he usually has a spinach salad. On top of his salad, he puts carrots, onions, cucumbers, beans, croutons, and nuts. Dressing tends to have a lot of calories, so he adds just a small dab. If the salad does not fill him up, he'll also eat some soup. Usually, it's tomato soup, as that is his favorite.

For dinner, there are a few options available, depending on what he wants that night. He can have a pasta and vegetable mix cooked in olive oil and Italian spices. Or he can have rice and beans topped with a garlic and onion sauce. He can also have a Thai curry dish with kale and sweet potato. All choices require some cooking, but it's worth it in the end.

All was going pretty well for Adriano until the fifth week started. Like many of us, he works a stressful and demanding job, so there wasn't always enough time to prepare every meal. His energy started dropping, while his appetite and hunger started rising rapidly.

Soon, the small bowl of oatmeal for breakfast became the large bowl of sugary cereal. And the black coffee was now drowned in a high calorie coffee creamer.

The salad for lunch turned into fast food meals, since Adriano was always running late for meetings. Originally, he was drinking water with this meal as well as every meal, but now it was soda.

And dinner was just hopeless after a while. Adriano would come home exhausted from work and could not bring himself to cook. Pizza, ice cream, french fries, and snacks were much easier choices and helped take his mind off all the anxiety.

Several weeks later, he had regained all five kilos he had lost and even gained an additional five kilos on top of that ! The failure made Adriano feel even worse. He vowed, for his next diet, that he would be even more strict and eat even less food.

Unfortunately, he doesn't realize that the massive drop in calories is causing an equally massive dip in his energy levels and cravings for junk food. It would take many attempts before he finally learned that starting his diet with lots of healthy foods and slowly cutting down calories would be the wiser move.

CAPITOLO 2 : ALLENAMENTO

A driano decide di iniziare davvero a prendersi maggiormente cura di se stesso, allenandosi. Questo lo aiuterà a gestire lo stress, e magari a fargli perdere i chili in più che ha addosso. A partire dalla prossima settimana, inizierà a seguire una routine di jogging, in cui correrà cinque giorni a settimana.

Il primo giorno si sveglia presto prima di andare a lavoro, e indossa le sue scarpe da tennis, desideroso di iniziare. Dopo alcuni allungamenti di base, inizia la corsa e tutto sembra andare bene. Nel giro di due minuti, però, Adriano è senza fiato. Ansima e il suo respiro diventa affannosissimo. Dopo soli cinque minuti, il jogging viene sostituito dalla camminata. Deve fare i conti con la verità. È fuori forma.

Col passare del tempo, i giorni diventano settimane. Le settimane diventano mesi. Adriano ora è in grado di correre senza fermarsi per 30 minuti consecutivi. Entro un anno o due potrebbe correre una maratona, pensa. Per quanto vada fiero dei suoi miglioramenti, fare solo cardio è diventato estremamente noioso, quindi il passo successivo sarà un cambiamento nella routine.

Gli amici di Adriano, Alfonso e Luca, lo hanno invitato a sollevare pesi dopo il lavoro, così si incontrano tutti in palestra, desiderosi di passare un po' di tempo insieme. Decidono di impegnarsi in un programma di allenamento di cinque giorni alla settimana, in cui lavoreranno su una parte del corpo per i sette giorni successivi: petto, schiena, spalle, gambe e braccia.

Ogni giorno richiede uno sforzo faticoso, ma il rush di endorfine al termine di ogni sessione di allenamento è la giusta ricompensa. Per scendere di intensità, gli uomini si rilassano camminando sul tapis roulant, oppure espellendo le tossine col sudore nella sauna per 10 minuti.

E' passato del tempo, e Adriano decide che il sollevamento pesi non fa per lui. Alfonso e Luca diventano troppo competitivi, e l'intensità degli allenamenti inizia a diventare più dolorosa che divertente. In palestra, invece, offrono delle lezioni di yoga, così Adriano si iscrive, voglioso di iniziare.

Il corso insegna diversi stretch e pose, create per sciogliere il corpo e calmare la mente. Le lezioni non sono per nulla facili, e fanno sudare tutti gli studenti. Nonostante questo, non sono intense come il sollevamento pesi. E sono molto più divertenti e rilassanti che correre. Adriano termina le lezioni rigenerato, ed entusiasta di riprendere il giorno successivo. Comincia anche a chiacchierare con delle belle ragazze, che non vede l'ora di incontrare ogni settimana. È una routine, ma con un ottimo incentivo per mantenerla.

Vocabolario

- allenamento --- training, workout

- routine --- routine

- jogging --- jogging

- svegliarsi presto --- to wake up early

- scarpe da tennis --- tennis shoes

- allungamenti di base --- basic stretches

- essere senza fiato --- to be out of breath

- ansimare --- to pant

- respiro --- breathing

- camminata --- walk

- essere fuori forma --- to be out of shape

- correre senza fermarsi --- to run without stopping

- correre una maratona --- to run a marathon

- cardio --- cardio

- sollevare pesi --- to lift weights

- palestra --- gym

- impegnarsi --- to commit

- petto --- chest

- schiena --- back

- spalle --- shoulders

- gambe --- legs
- braccia --- arms
- sforzo faticoso --- strenuous effort
- rush di endorfine --- endorphin rush
- scendere di intensità --- to cool down
- rilassarsi --- to relax
- tapis roulant --- treadmills
- espellere le tossine --- to expel toxins
- sudore --- sweat
- sauna --- sauna
- sollevamento pesi --- weightlifting
- troppo competitivo --- too competitive
- intensità --- intensity
- lezioni di yoga --- yoga classes
- iscriversi --- to sign up, to enroll
- corso --- course
- stretch e pose --- stretching and poses
- sciogliere il corpo --- to loosen the body
- calmare la mente --- to calm the mind
- lezioni --- lessons
- sudare --- to sweat

- studenti --- students

- rigenerare --- to regenerate

- entusiasta di riprendere --- excited to come back

- ottimo incentivo --- extra incentive

- mantener --- to maintain

Domande di comprensione

1. Con quali scarpe è andato a correre Adriano?

    A) Tacchetti

    B) Scarpe da tennis

    C) Tacchi alti

    D) Stivali da corsa

2. Perché Adriano ha smesso di correre?

    A) Ha raggiunto il suo obiettivo.

    B) Era stanco di alzarsi presto.

    C) Si annoiava molto.

    D) Non voleva correre una maratona.

3. Adriano, Alfonso e Luca si sono messi a seguire in un programma di allenamento che concentrava su...

    A) petto, schiena, spalle, gambe e braccia.

    B) petto, schiena, corsa, gambe e cardio.

    C) petto, nuoto, spalle, corsa e braccia.

    D) yoga, cardio, jogging, sollevamento pesi e sport.

4. Come si rilassano gli uomini dopo aver lavorato?

    A) Correndo sul tapis roulant mentre ascoltano la musica.

    B) Con una rapida routine di yoga di 10 minuti.

    C) Nuotando in piscina o facendo una doccia calda.

    D) Camminando sul tapis roulant o espellendo le tossine col sudore nella sauna per 10 minuti.

5. Perché Adriano ha smesso di sollevare pesi?

    A) Si annoiava molto.

    B) Gli allenamenti erano troppo intensi e competitivi.

    C) Alfonso e Luca avevano smesso di sollevare.

    D) Adriano aveva subito un infortunio.

English Translation

Adriano decides that he should really start taking better care of himself by exercising. It will help manage his stress and even help him lose the extra weight he put on. Starting next week, he will begin a jogging routine, where he will run five days a week.

On the first day, he wakes up extra early before work and puts on his tennis shoes, eager to get started. After some basic stretches, the jogging starts, and everything seems to go well. Within two minutes, however, Adriano is out of breath. He's wheezing, and his breathing becomes super heavy. And after just five minutes, the jogging is replaced by walking. He realizes the truth. He is out of shape.

As time passes, days become weeks. Weeks become months. Adriano is now able to run continually for 30 minutes. Within a year or two, he could be running a marathon, he thinks. While he's proud of his improvement, doing nothing but cardio has grown extremely boring, so a change of routine is the next step.

Adriano's friends Alfonso and Luca have invited him to come lift weights after work, so they all meet at the gym, eager to spend some time together. They decide to commit to a workout program five days a week, where they will work one body part per week: chest, back, shoulders, legs, and arms.

Each day requires strenuous effort, but the endorphin rush at the end of each workout makes it all worth it. To cool down, the men relax by walking on the treadmills or sweating it out in the sauna for 10 minutes.

Some time passes, and Adriano decides that weightlifting isn't a good fit for him. Alfonso and Luca get too competitive with it, and the intensity of the workouts has become more painful than fun. At the gym, however, they offer yoga classes, so Adriano signs up, eager to start.

The classes teach a variety of stretches and poses designed to loosen the body and calm the mind. The lessons are not easy by any means, and they make all the students sweat. Yet, it's not as intense as weightlifting. And it's much more fun and relaxing than jogging. Adriano leaves each class feeling refreshed and excited to come back for more. He even starts chatting with some pretty girls whom he looks forward to seeing every week. It's a routine with an extra incentive to maintain.

CAPITOLO 3 : HOBBY

"Sarebbe davvero bello andare ad un appuntamento con una di quelle ragazze del corso", pensa Adriano tra sé e sé. "Vorrei poter trovare qualcosa in comune con una di loro, e magari stabilire un legame."

I suoi hobby erano piuttosto comuni. A tutti piace guardare la TV e i film come Adriano, ma sarebbe mai riuscito a trovare una ragazza a cui piacciono i videogiochi? O al contrario, avrebbe mai scovato un'appassionata di baseball professionistico e basket quanto lo è lui? Sarebbe stato fantastico avere qualcuno con cui parlare di politica, storia e governo.

La prima ragazza che incontrò durante le lezioni di yoga fu Martina, che gli era sembrata subito molto intelligente. Era una grande lettrice, ma di romanzi piuttosto che di saggistica. La sua passione era la letteratura, poteva parlare per ore della storia che stava leggendo. Oltre a questo, spendeva molto per prendersi cura del suo cane e portarlo a fare delle lunghe passeggiate. Occasionalmente, si concedeva una bottiglia di vino ed un film horror.

Sara era la seconda ragazza del corso che aveva conosciuto, anche se non aveva quasi mai tempo per parlare. Aveva sempre un qualche impegno. Era ovvio che fosse estremamente allenata e in ottima forma, e Adriano scoprì in seguito che era un'atleta e allenatrice di bodybuilding femminile. Quando non aveva un appuntamento con un cliente, era impegnata a metter su la sua attività. Sara aveva un gran seguito sui social network, e aveva creato un marchio di abbigliamento che vendeva magliette, felpe, cappelli e accessori. Si potrebbe dire che fosse ossessionata dal lavoro, ma aveva successo, e questo non si può negare.

L'ultima ragazza con cui Adriano aveva trascorso del tempo era Nicole, che era un po' una farfallina sociale. Aveva una grande cerchia di amici con cui parlare e vedersi. Era chiaramente estroversa. Se non scriveva messaggi, era fuori con gli amici che andavano a bere e in discoteca. Nelle occasioni in cui decideva di restare a casa, Nicole guardava anime giapponesi e giocava ai videogames.

Adriano era stato subito attratto da Nicole, visto che aveva finalmente trovato qualcuno con cui "nerdeggiare" sui giochi attuali e futuri. Le loro personalità, però, non sembravano molto compatibili. Non c'era proprio la chimica. Non sembravano quasi mai capaci di parlare di qualcosa che non fossero i loro hobby in comune.

Sara non aveva quasi mai tempo per chiacchierare, ma Martina era più che disposta a passare dei momenti con lui. Adriano la ascoltava parlare di tutti i suoi libri preferiti, convincendolo addirittura a provare a leggerne uno tramite gli audiolibri. Martina non mostrava molto interesse verso sport o storia, ma era attratta dalla passione e dall'energia che Adriano emetteva ogni volta che parlava di argomenti a lui vicini. L'interesse che nutrivano l'uno per l'altra, era sufficiente per iniziare a farli uscire insieme.

Vocabolario

- hobby --- hobby

- andare ad un appuntamento --- to go on a date

- trovare qualcosa in comune --- find something in common

- stabilire un legame --- make a connection

- guardare la TV e i film --- to watch TV and movies

- videogiochi (videogames) --- video games

- baseball professionistico --- professional baseball

- basket --- basketball

- politica --- politics

- storia --- history

- governo --- government

- grande lettrice --- big reader

- romanzi --- fiction

- saggistica --- non-fiction

- passione --- passion

- letteratura --- literature

- leggere --- to read

- prendersi cura di un cane --- to take care of a dog

- lunghe passeggiate --- long walks

- concedersi --- to treat oneself

- bottiglia di vino --- bottle of wine
- film horror --- horror movie
- avere conosciuto --- to get to know
- estremamente allenata --- extremely fit
- essere in ottima forma --- to be in great shape
- atleta --- athlete
- allenatrice --- coach
- bodybuilding femminile --- female bodybuilding
- appuntamento --- appointment
- cliente --- client
- mettere su un'attività --- to build a business
- seguito sui social network --- social media following
- marchio di abbigliamento --- clothing brand
- magliette --- T-shirts
- felpe --- sweat shirts
- cappelli --- hats
- accessori --- accessories
- ossessionata dal lavoro --- workaholic
- avere successo --- to be successful
- farfallina sociale --- social butterfly
- cerchia di amici --- circle of friends

- vedersi --- to see each other

- estroversa --- extrovert

- scrivere messaggi --- to text

- bere e andare in discoteca --- to drink and go clubbing

- restare a casa --- to stay home

- anime giapponesi --- Japanese anime

- giocare ai videogames --- to play video games

- nerdeggiare --- to nerd out

- personalità --- personalities

- chimica (romantica) --- (romantic) chemistry

- audiolibri --- audiobooks

- interesse --- interest

- sport --- sports

- uscire --- to go out

Domande di comprensione

1. Avere qualcosa in comune con qualcuno significa che...
    A) che vi piacete a vicenda.
    B) ti sei innamorato dell'altra persona.
    C) non vi piacete.
    D) avete un hobby reciproco di cui vi interessate.

2. Politica, storia e governo sono in genere considerati...
    A) romanzi.
    B) saggistica.
    C) letteratura.
    D) Tutto quanto sopra

3. Sara non era solo un'atleta e allenatrice di bodybuilding femminile, ma anche...
    A) un imprenditrice privata.
    B) un'alcolizzata.
    C) un'istruttrice di yoga.
    D) una farfallina sociale.

4. Quale delle seguenti affermazioni descrivono nel modo migliore una persona estroversa?
    A) Qualcuno rumoroso e fastidioso
    B) Qualcuno di coraggioso e audace
    C) Una persona loquace e socievole
    D) Uno timido e riservato

5. Quale coppia alla fine ha avuto la "chimica" migliore?
    A) Adriano e Nicole
    B) Adriano e Sara
    C) Adriano e Martina
    D) Adriano e l'istruttrice di yoga

English Translation

"It would be really nice to go on a date with one of those girls from class," Adriano thinks to himself. "Hopefully, I can find something in common with one of them and maybe make a connection."

His hobbies were somewhat relatable. Everybody likes watching TV and movies, including Adriano, but would he be able to find a girl who likes video games? If not, could he find someone into professional baseball and basketball as much as he was? It would be amazing if he had someone to talk to about politics, history, and government.

The first girl he met from yoga class was Martina, who seemed really smart right away. She was a big reader, but of fiction rather than non-fiction. Her passion was literature, and she could talk for hours about the current story she was reading. Besides that, she spent a lot of time taking care of her dog and taking him for long walks. And occasionally, she'd treat herself to a bottle of wine and watch horror movies.

Sara was the second girl he got to know from class, although she didn't always have a lot of time to talk. There was always somewhere she needed to be. It was obvious that she was extremely fit and in great shape, and Adriano later learned that she was a female bodybuilding athlete and coach. If she didn't have an appointment with a client, she was busy building her business. Sara had a big social media following and built a clothing brand that sold T-shirts, sweat shirts, hats, and accessories. You could say she was a workaholic, but you had to admit she was very successful.

The last girl Adriano spent time with was Nicole, who was a bit of a social butterfly. She had a large social circle of friends to talk to and hang out with. It was clear that she was an extrovert. If she wasn't texting, she was out with friends, drinking and clubbing. On the occasion that she did decide to stay home, Nicole would watch Japanese anime and play video games.

Adriano was immediately drawn to Nicole, as he finally found someone he could nerd out with about current and upcoming games. Their personalities, however, didn't seem to match very well. The chemistry just wasn't there. They never seemed to be able to talk about anything outside of their mutual hobby.

Sara never really had much time to talk, but Martina was more than willing to spend some time with him. Adriano listened to her talk about all her favorite books and even convinced him to try reading a book via audiobooks. Martina didn't show much interest in sports or history, but she was attracted to the passion and energy Adriano emitted whenever he spoke about subjects he cared about. Their mutual interest in one another was enough for them to start dating.

CAPITOLO 4 : LAVORO

S e la vita sociale di Adriano era fiorente, quella lavorativa era l'esatto opposto. Lavora in un ufficio per una compagnia di assicurazioni, e anche se la paga è buona, i carichi di lavoro sono schiaccianti.

Ogni mattina controlla la sua email di lavoro, trovandosi 50 nuove richieste da processare immediatamente. Se non spedisce ed elabora rapidamente le e-mail prima di pranzo, lo troveranno in ritardo e molto probabilmente finirà per fare gli straordinari. È estremamente stressante, ancor di più quando il capo lo osserva furtivamente.

Il datore di lavoro di Adriano deve essere severo con tutti i dipendenti. Un semplice errore potrebbe costare all'azienda una piccola fortuna. E non sarà solo il dipendente a venire severamente rimproverato, lo sarà anche il capo.

Le assicurazioni sono un'attività difficile in cui lavorare. Non è roba per deboli. Riunioni, fogli e normative hanno la massima importanza, e non puoi permetterti di perdere o dimenticare nulla. Si viene licenziati per questo!

"Come ci arriverò alla pensione?", si domanda Adriano almeno una volta a settimana. Ed è fortunato se si presenta solo una volta. Stress e ansia lo spingono al limite. È solo questione di tempo prima che cada a pezzi.

Come sarebbe stata la sua vita se avesse scelto una laurea diversa? E se fosse entrato nel settore dell'informatica? Avrebbe preferito programmare? E cosa sarebbe successo se si fosse applicato maggiormente quando giocava per la squadra di baseball del college? Avrebbe raggiunto il livello professionistico? O ancora, se avesse sfondato come pro-gamer al liceo, giocando ai videogames per guadagnare? Sarebbe stato un sogno diventato realtà.

Purtroppo, la vita non è andata così per Adriano. Sarà pure incastrato con un lavoro che odia, ma almeno ha la speranza che le cose cambieranno. Molti dei suoi collaboratori sembrano non avercela. Depressione e ansia sono molto comuni nel suo posto di lavoro, ma sono presenti anche i colleghi divertenti con cui parlare e scambiarsi le battute per alleggerire l'atmosfera. Rendono più facile arrivare a fine giornata. E questo fa la differenza.

Ce ne sono altri, però, che sembrano completamente schiacciati dalla durezza della vita, e ora sono solo dei gusci vuoti di quello che erano. Quelle persone spaventano Adriano più di qualsiasi datore di lavoro.

Ma quando cambieranno le cose? Come cambieranno? L'unica certezza, è che qualcosa deve cambiare.

Vocabolario

- lavoro --- work

- vita sociale --- social life

- esatto opposto --- polar opposite

- ufficio --- office

- compagnia di assicurazioni --- insurance company

- paga --- pay, wages

- carico di lavoro --- workload

- schiacciante --- overwhelming

- e-mail --- e-mail

- richieste --- requests

- processare --- to deal with

- immediatamente --- immediately, instantly

- spedire ed elaborare --- dispatch and process

- ritardo --- delay, late

- fare gli straordinari --- to work overtime

- capo (datore di lavoro) --- boss

- dipendenti --- employees

- errore --- mistake

- una piccola fortuna --- a small fortune

- venire severamente rimproverato --- to be disciplined harsly

- riunione --- meetings

- fogli --- sheets, papers

- normative --- regulations

- massima importanza --- utmost importance

- essere licenziato --- to be fired

- arrivare alla pensione --- to make it to retirement

- essere spinto ai limiti --- to be pushed to one's limits

- questione di tempo --- matter of time

- laurea --- college degree

- settore dell'informatica --- information technology (IT)

- programmare --- to program

- squadra di baseball del college --- college baseball team

- livello professionale --- professional level

- pro-gamer --- pro-gamer

- liceo --- high school

- guadagnare --- to earn

- un sogno diventato realtà --- a dream come true

- andare così --- to turn out that way

- collaboratori --- co-workers

- depressione --- depression

- posto di lavoro --- workplace

- colleghi --- colleagues

- scambiarsi le battute --- to exchange jokes

- alleggerire l'atmosfera --- to lighten the mood

- arrivare a fine giornata --- to get through the day

- fare la differenza --- to make all the difference

- guscio vuoto --- empty shell

Domande di comprensione

1. Cosa accadrà se Adriano non spedirà ed elaborerà rapidamente le e-mail prima di pranzo?

    A) Sarà licenziato e mandato a casa immediatamente.

    B) Tornerà presto a casa e giocherà ai videogiochi col suo computer.

    C) Non avrà diritto a una promozione per i prossimi cinque anni.

    D) Rimarrà indietro sul programma e finirà per fare gli straordinari.

2. Chi potrebbe potenzialmente venire rimproverato per un errore in ufficio?

    A) Il dipendente

    B) Il capo

    C) Il dipendente e il capo

    D) Solo Adriano

3. Nel corso della sua vita, Adriano ha considerato diversi percorsi lavorativi, ma non...

    A) l'insegnamento in una scuola superiore.

    B) diventare un giocatore professionista.

    C) giocare a baseball da professionista.

    D) diventare un programmatore di computer.

4. Un collega è sinonimo di...

    A) un capo.

    B) un amico.

    C) un supervisore.

    D) un collaboratore.

5. Chi rimane schiacciato dalla durezza della vita potrebbe più probabilmente...

    A) soffrire di mal di stomaco.

    B) avere depressione e ansia.

    C) fare sogni che diventano realtà.

    D) alleggerire l'atmosfera.

English Translation

While Adriano's social life was blooming, his life at work was the polar opposite. He works at an office for an insurance company, and while the pay is good, the workload is overwhelming.

Each morning, he checks his work email to find 50 new requests that have to be immediately dealt with. If he doesn't quickly dispatch and process the emails before lunch, he will get caught behind schedule and most likely have to work overtime. It's extremely stressful and more so when his boss is watching him over his shoulder.

Adriano's boss has to be strict with all the employees. One mistake and it could cost the company a small fortune. Not only will the employee be disciplined harshly, but the boss will be too.

Insurance is a difficult business to work in. It is not for the weak. Meetings, documents, and regulations are all of the utmost importance, and you cannot afford to miss or forget anything. You could be fired for it!

"How am I going to make it to retirement?" Adriano asks himself at least once a week. And he's lucky if this question only comes up once that week. Stress and anxiety are pushing him to his limits. It's only a matter of time before he breaks.

What would life have been like if he had chosen a different college degree? What if he went into computer science? Would he have enjoyed programming more? What if he pushed himself harder while playing for the college baseball team? Would he have made it to the professional level? What if he had made it as a pro-gamer back in high school and got to play video games for a living? It would have been a dream come true.

Life didn't turn out that way for Adriano, unfortunately. He might be stuck with a job he hates, but at least he has hope things will change. Many of his co-workers seem to lack that same hope.

Depression and anxiety are common in his workplace, but there are a handful of colleagues who are fun to talk to and crack jokes with to lighten the mood. They make it just a little easier to get through each day. That makes all the difference.

There are others, though, who seem to be absolutely crushed by the harshness of life and are now just shells of their former selves. Those people scare Adriano more than any boss ever has.

But when will things change? How will they change? The only thing that is certain is that something must change.

CAPITOLO 5 :
CITTÀ E PROVINCIA

Prima del suo appuntamento con Martina, oggi, Adriano aveva qualche commissione da fare per completare i preparativi. Innanzitutto, serviva un viaggio in banca per prelevare abbastanza denaro per la giornata impegnativa davanti. Lungo la strada verso la banca, si era fermato al suo bar preferito per assumere della buona caffeina, tanto necessaria per iniziare col piede giusto.

Successivamente, aveva dovuto fare un salto all'ufficio postale e lasciare della corrispondenza in scadenza e quasi in ritardo. Dopodiché, era andato al centro commerciale per prendere un nuovo completo da indossare in quella giornata. Aveva visto due negozi di abbigliamento, trovando anche il tempo di farsi fare un nuovo taglio di capelli dal barbiere.

Alle 14:00, Adriano e Martina si incontrarono, pronti a fare un giro nella città. Iniziarono camminando per il parco, parlando di come gli erano andate le cose durante la settimana. Nel parco c'era una grande piazza, dove la coppia trovò il piccolo concerto di una rock band. Dopo aver ascoltato alcune canzoni, lasciarono il parco, dirigendosi in macchina verso un parco divertimenti del posto.

Per via di un grosso incidente, il parco divertimenti era stato chiuso, così, come piano di riserva, la coppia decise di andare al cinema. Per fortuna di Martina, riuscirono a trovare un film horror quella settimana. Ci sarebbe voluta un'ora di attesa per il film, così cenarono presto in un ristorante vicino, con il tempo sufficiente per tornare al cinema. Il film si rivelò abbastanza generico e prevedibile, ma aveva un momento di suspense che aveva preso sia Adriano che Martina, e davvero bene.

Quando arrivò la sera, la coppia sentiva reciprocamente di non voler fare troppo tardi in giro, ma decise comunque di bere un drink in uno speciale bar, che avevano trovato cercando sui loro smartphone. Era a tema castello medievale, decorato con stendardi, armature e sedie che sembravano troni. I due ripresero a conversare, e di conseguenza a bere.

A questo punto erano entrambi troppo ubriachi per tornare a casa sani e salvi! Non si sentivano pronti ad una notte in discoteca, avrebbero aspettato due ore per riposarsi prima di tornare a casa. Chiamare un taxi sarebbe stata una pessima e costosa opzione, e non era poi così tanto da attendere. Per passare il tempo, fecero una camminata lungo la passerella, fermandosi al minimarket per uno spuntino veloce.

Adriano e Martina si stavano godendo il tempo insieme, e le ore passavano più velocemente del previsto, ma arrivò tempo di separarsi. Condivisero un breve bacio con un paio di sorrisi sfacciati, e fu così che entrambi tornarono a casa.

Vocabolario

- città e provincia --- city and province

- commissioni --- errands

- banca --- bank

- prelevare denaro --- to withdraw money

- bar --- cafe, bar

- caffeina --- caffeina

- ufficio postale --- post office

- corrispondenza --- mail

- in scadenza --- overdue

- centro commerciale --- mall

- completo --- outfit

- negozi di abbigliamento --- clothing stores

- taglio di capelli --- haircut

- barbiere --- barber shop

- incontrarsi --- to meet up

- fare un giro nella città --- to take a tour in the city

- parco --- park

- grande piazza --- large plaza

- coppia --- couple

- piccolo concerto --- small concert

- rock band --- rock band

- canzoni --- songs

- parco divertimenti --- amusement park

- grosso incidente --- major accident

- chiuso --- closed

- piano di riserva --- back-up plan

- cinema --- movie theather

- un'ora di attesa --- an hour-long wait

- cenare presto --- to have an early dinner

- vicino --- near-by

- ristorante --- restaurant

- generico --- generic

- prevedibile --- predictable

- momento di suspense --- jump scare

- fare troppo tardi in giro --- to stay out too late

- un drink --- one drink

- speciale bar --- special bar

- smartphone --- smartphone

- castello medievale --- medieval castle

- tema --- theme

- decorare --- to decorate

- stendardi --- banners

- armature --- suits of armor

- sedie --- chairs

- troni --- troni

- conversare --- to converse

- ubriachi --- drunk

- tornare a casa --- to go back home

- una notte in discoteca --- a night of clubbing

- riposarsi --- to rest

- chiamare un taxi --- to call a taxi

- costoso --- expensive

- opzione --- option

- passare il tempo --- to pass the time

- passerella --- walkway

- minimarket --- convenience store

- uno spuntino veloce --- a quick snack

- separarsi --- to part ways

- breve bacio --- brief kiss

- sorrisi sfacciati --- cheeky smiles

Domande di comprensione

1. Quando si mettono dei soldi nel conto bancario, si chiama...
    A) prelievo.
    B) controllare il saldo.
    C) aprire un conto.
    D) deposito.

2. Cosa ha fatto Adriano al centro commerciale?
    A) Ha giocato ai videogames alla sala giochi.
    B) È uscito con gli amici e ha fatto acquisti di vestiario.
    C) Ha fatto acquisti di vestiario e si è tagliato i capelli.
    D) Si è tagliato i capelli e ha pranzato alla tavola calda.

3. Dove si sono diretti Adriano e Martina subito dopo lasciato il parco?
    A) Alla sala divertimenti
    B) A casa
    C) Al cinema
    D) Al ristorante

4. Come ha fatto la coppia a scoprire il bar a tema medievale?
    A) Erano andati in giro in cerca di un bar.
    B) Glielo ha consigliato un amico comune.
    C) Hanno cercato dei bar nelle vicinanze con i loro smartphone.
    D) Hanno visto una pubblicità del bar.

5. Se sei inebriato non sarebbe una buona idea...

    A) bere ancora.

    B) guidare una macchina.

    C) parlare al telefono.

    D) passeggiare in pubblico.

English Translation

Before his big date with Martina today, Adriano had a few errands to run to make sure everything was ready. First of all, a trip to the bank was needed, so he could withdraw enough cash for the busy day ahead. Along the way to the bank, he stopped by his favorite coffee shop to pick up some much needed caffeine to jump-start the day.

Next, he had to make a run to the post office and drop off some mail that was overdue and nearly late. After that, it was off to the mall to find a new outfit to wear on today's date. He perused two clothing stores and even had enough time to get himself a new haircut at the barber shop.

At 2:00 pm, Adriano and Martina met up, ready to take a tour around town. They started by walking around the park, catching up on what happened with each other during the week. Inside the park was a large plaza, where the couple found a small concert by a rock band. After hearing a few songs, they left the park and drove towards a local amusement park.

Due to a large accident, the amusement park had to be shut down, so as a back-up plan, the couple decided to go to the movie theater instead. To Martina's luck, they were able to find a horror movie playing that week. It would be an hour-long wait for the movie, so they grabbed an early dinner at a nearby restaurant with just enough time to make it back to the theater. The movie turned out to be fairly generic and predictable, but there was one jumpscare that got both Adriano and Martina really, really good.

As the evening came, the couple had a mutual feeling of not wanting to stay out too late in the city, but they agreed to have one drink at a unique bar they found searching on their smartphones. It had a medieval castle theme and was decorated with banners, suits of armor, and chairs that looked like thrones. The conversation picked up between the two and along with it came more drinking.

Now they were both too intoxicated to drive home safely! Not feeling up for a night of clubbing, they would wait two hours to sober up before driving home. Calling a taxi would be a crazy expensive option, and it wasn't all that much of a wait to begin with. To pass the time, they walked along the boardwalk and stopped by the convenience store for a quick snack.

Adriano and Martina thoroughly enjoyed each other's presence, so the hours passed quicker than expected, but it was time to part ways. A brief kiss was shared, along with a couple of cheeky smiles, and that was it before they both drove home.

CAPITOLO 6 :

STARE A CASA

Era una domenica pomeriggio. Adriano non aveva piani particolari, quindi andò a dormire e si concesse di recuperare il sonno che aveva perso durante la settimana. Non sarebbe comunque stata una giornata completamente pigra, perché aveva alcune faccende domestiche da fare.

Forse la più importante di tutte erano le bollette non pagate da saldare. L'alloggio non è gratuito, dopotutto. Affitto, elettricità, acqua, internet, prestiti per studenti e piani telefonici comportano tutti dei pagamenti. Grazie alla tecnologia, però, si possono tutti pagare online senza uscire di casa.

Oltre a questo, si era accumulato il bucato durante la settimana, e servivano alcune lavatrici per la settimana successiva. Non si prendeva mai la briga di dividere i panni in bianchi, scuri e colorati, così si limitava invece a gettare quanto più poteva in ogni carico, versare un po' di detersivo e dell'ammorbidente, per poi fare andare la lavatrice.

Mentre aspettava che ogni carico finisse, pensò che sarebbe rimasto produttivo lavando i piatti e passando l'aspirapolvere. La casa di Adriano non era per niente immacolata, ma faceva quel che poteva ogni settimana per mantenerla al meglio. In questo caso, avrebbe svolto del lavoro extra in cucina. Ripulì il frigo buttando via i cibi scaduti. Aveva anche lavato i ripiani col disinfettante e spazzato via tutte le briciole di cibo sul pavimento. Poi finì passando scopa e paletta sul pavimento. La pezza bagnata poteva aspettare un altro week-end, pensò.

Adriano era più interessato a passare il resto della giornata al computer, coi videogames. Era un appassionato di giochi di strategia, e avrebbe passato ore a inventare nuove strategie da provare contro i suoi amici online, e anche nelle partite in singolo giocatore. Quando gli serviva una pausa, si alzava occasionalmente per stiracchiarsi un po', sbirciare alla finestra, scaldarsi del cibo al microonde, e risiedersi per giocare ancora.

Dopo aver passato troppe ore di fronte al computer, gli veniva una piccola crisi esistenziale. Era davvero una buona idea passare tanto tempo a giocare, invece di impiegarlo in qualcosa di più significativo? Beh, poteva guardare i video online, ma cosa cambierebbe? Così prese le cuffie nella sua camera da letto, e iniziò ad ascoltare alcuni degli audiolibri consigliatigli da Martina.

Ascoltare un libro gli era sembrato immediatamente il modo giusto di utilizzare il suo tempo, ed aveva anche dato lo spunto per un po' di introspezione. Mentre ascoltava si aggirava per la casa. Aprì e chiuse le porte dell'armadio senza una ragione particolare. Mise una mano sul divano, lasciandola scivolare mentre camminava. Non aveva un tavolo da pranzo su cui ripetere l'azione, visto che viveva da solo, e di solito mangiava in cucina o sul balcone.

Prima che se ne rendesse conto, erano le 22:00. Era ora di andare a letto. Anche se non aveva finito l'audiolibro, aveva senz'altro qualcosa di nuovo da dire il weekend successivo, quando sarebbe andato alla riunione di famiglia. Poteva persino portarsi Martina, presentandola come la ragazza che gli ha fatto conoscere il libro.

Vocabolario

- stare a casa --- to stay at home

- domenica pomeriggio --- Sunday afternoon

- dormire --- to sleep

- recuperare sonno --- to catch up on sleep

- faccende domestiche --- household chores

- bollette non pagate --- unpaid bills

- alloggio --- accomodation, housing

- affitto --- rent

- elettricità --- electricity

- internet --- internet

- prestiti per studenti --- student loans

- piani telefonici --- phone plans

- pagamento --- payment

- tecnologia --- technology

- pagare online --- to pay online

- uscire di casa --- to leave the house

- bucato --- laundry

- accumulare --- to pile up

- dividere --- to divide, to sort

- gettare --- to throw

- versare --- to pour in

- detersivo --- detergent

- ammorbidente --- fabric softener

- lavatrice --- laundry machine

- produttivo --- productive

- lavare i piatti --- to do the dishes

- passare l'aspirapolvere --- to vacuum

- immacolato --- spotless

- lavoro extra --- extra work

- cucina --- kitchen

- pulire il frigo --- to clean out the fridge

- buttare via --- to throw away

- cibo scaduto --- expired food

- lavare i ripiani --- to scrub the counters (shelves)

- disinfettante --- disinfectant

- spazzare --- to sweep

- briciole di cibo --- food crumbs

- pavimento --- floor

- scopa e paletta --- broom and dustpan

- passare la scopa e paletta sul pavimento --- to sweep the floor

- pezza bagnata --- washcloth

- il resto del giorno --- the rest of the day

- computer --- computer

- giochi di strategia --- strategy games

- singolo giocatore --- single player

- stiracchiarsi --- to stretch

- sbirciare alla finestra --- to peer out the windows

- scaldarsi --- to warm up

- crisi esistenziale --- existential crisis

- significativo --- meaningful

- guardare i video online --- to watch videos online

- cuffie --- headphones

- camera da letto --- bedroom

- il modo giusto di utilizzare il suo tempo --- the right use of one's time

- spunto --- inspiration, cue

- introspezione --- self-reflection

- aggirarsi --- to wander around

- porte dell'armadio --- closet doors

- particolare --- particular

- divano --- couch

- scivolare --- to slide, to slip

- tavolo da pranzo --- dining room table

- vivere da soli --- to live by oneself

- balcone --- balcony

- andare a letto --- to go to bed

- senz'altro --- certainly

- riunione di famiglia --- family gathering

- presentare --- to introduce

Domande di comprensione

1. Se qualcuno ha bisogno di recuperare il sonno, significa che...
    A) avrà dormito troppo.
    B) avrà dormito troppo poco.
    C) si divertirà a dormire.
    D) avrà difficoltà ad addormentarsi.

2. Quale delle seguenti non è considerata una bolletta di casa?
    A) Prestiti per studenti
    B) Acqua
    C) Elettricità
    D) Internet

3. Durante la pulizia della cucina, Adriano non ha...
    A) strofinato i contatori col disinfettante.
    B) buttato via i cibi scaduti.
    C) lavato il pavimento con la pezza.
    D) spazzato il pavimento con scopa e paletta.

4. Qual'è generalmente il modo più veloce di cuocere il cibo?
    A) Il fornello
    B) Il microonde
    C) Il forno
    D) Il tostapane

5. Dove ha trovato le cuffie Adriano?
    A) Nella sua camera da letto
    B) Nel suo armadio
    C) Nella lavatrice
    D) Nel soggiorno

English Translation

It was a Sunday afternoon. Adriano had no particular plans, so he slept in and allowed himself to catch up on sleep he had missed during the week. It would not be a completely lazy day though, for he had a number of household chores to do.

Perhaps most important of all were the unpaid bills that needed to be taken care of. Housing isn't free, after all. Rent, electricity, water, internet, student loans, and phone plans all have payments due. Thanks to technology, however, all of these can be paid online without leaving the house.

Next, the laundry had piled up over the week, and a few loads would be necessary for the upcoming week. He never bothered to sort his laundry into whites, darks, and colors; instead, he would just throw as much as he could in each load, pour in some laundry detergent and fabric softener, and run the laundry machine.

While he waited for each load to finish, he figured he would stay productive by doing the dishes and vacuuming the house. Adriano's house was by no means spotless, but he did just a little bit each week to maintain what he could. This week, he would do some extra work in the kitchen. He cleaned out the fridge by throwing away expired foods. He also scrubbed the counters with disinfectant and brushed off all food crumbs to the floor. And he finished by sweeping the floor with his broom and dustpan. Mopping could wait another week, he thought.

Adriano was more interested in spending the rest of his day at the computer playing video games. He was a fan of strategy games and could spend hours coming up with new strategies to try out against his friends online and even in single player games. When he needed a break, he would occasionally get up for a quick stretch, peer out the windows, heat up some food in the microwave, and sit back down for more gaming.

After spending too many hours in front of the computer, a small existential crisis would occur. Was it really all that wise to spend so much time gaming when it could be used for something more meaningful? Sure, there were videos he could watch online, but would that be any different? And so, he picked up the headphones in his bedroom and started to listen to some of the audiobook recommended to him by Martina.

Listening to the book instantly felt like the right use of his time and even opened up the opportunity for some self-reflection. As he kept listening, he wandered around his house. He opened and closed his closet doors for no particular reason. He put his hand on the couch and let it glide over as he walked across. There was no dining room table to repeat this action, as he lived by himself and usually ate in the kitchen or out on the balcony.

Before he knew it, it was 10:00 pm. It was time for bed. While he didn't finish the audiobook, he certainly had something new to talk about next weekend when he would go to the family gathering. He could even bring Martina and introduce her as the one who introduced him to the book.

CAPITOLO 7 :
FAMIGLIA E MESTIERI

Martina accettò felicemente di accompagnare Adriano durante la visita alla sua famiglia, che si sarebbe riunita il fine settimana seguente. Ormai erano ufficialmente una coppia, e il ragazzo riteneva che sarebbe stato un ottimo momento per presentarla a sua madre, suo padre e ai suoi fratelli.

Al raduno c'era anche lo zio di Adriano, Luca. Era un ingegnere meccanico che lavorava su tutti i tipi di macchine, tra cui turbine a vapore e a gas, e generatori elettrici. Era un uomo estremamente intelligente, che aveva aiutato Adriano a seguire la strada giusta quando era giovane.

Mentre parlava con suo zio, notò in lontananza i suoi due cugini Marco e Chiara. Tutti e tre si frequentavano frequentemente da bambini, e condividevano molti ricordi d'infanzia. Purtroppo si separarono crescendo, perdendo i contatti tra loro mano a mano che entravano nella forza lavoro. Marco ormai aveva una posizione dirigenziale in un negozio al dettaglio. Chiara invece era una parrucchiera part-time, ma mamma a tempo pieno.

Martina era ovviamente sopraffatta da tutti quei nuovi volti, ma riuscì a conoscere almeno una persona all'evento. Era la cognata di Adriano, Mia. Fin dall'inizio le due si sono subito capite, legando all'istante. Martina era giornalista di mestiere, e Mia era una scrittrice per uno show televisivo prodotto dalla stessa compagnia di comunicazione per cui lavoravano entrambe. Anche se si erano già intraviste in ufficio, non si erano mai realmente incontrate fino a quel momento.

In realtà Martina non avrebbe mai potuto conoscere tutti, e Adriano non sarebbe riuscito a riallacciare i rapporti con ogni presente. Salutarono brevemente sua nonna e le zie, ma non riuscirono mai nemmeno a salutare anche i nipoti. Tutti i bambini erano impegnati a giocare insieme nel cortile sul retro.

La famiglia riuscì a scattare una foto di gruppo con all'interno Martina, invitata a parteciparvi. Ogni anno, è il papà di Adriano che si vede affidare il compito di creare la migliore foto di famiglia possibile. Sensato, visto che è un fotografo professionista.

Il sole aveva iniziato a scendere, e la giornata si avviava al termine. Mentre tutti se ne andavano, Adriano ebbe un'altra opportunità di parlare con suo zio Luca. Gli confidò di temere di esaurirsi col suo lavoro attuale alla compagnia assicurativa, e stava prendendo in considerazione alcune altre possibili vie da prendere. Lo zio Luca, nonostante il ragazzo non fosse sicuro sul dove lavorare in futuro, gli consigliò di iniziare un corso appena possibile. Aspettare sarebbe stata la peggior cosa da fare.

Vocabolario

- famiglia e mestieri --- family and occupations

- accompagnare --- to accompany

- ufficialmente --- officially

- essere un ottimo momento per --- to be a good time to

- madre --- mother

- padre --- father

- fratelli --- brothers

- raduno --- get-together

- zio --- uncle

- ingegnere meccanico --- mechanical engineer

- macchine --- machines

- turbine a vapore e a gas --- steam and gas turbines

- generatori elettrici --- electric generators

- estremamente intelligente --- extremely intelligent

- cugini --- cousins

- in lontananza --- in the distance

- bambini --- kids

- ricordi d'infanzia --- childhood memories

- crescere --- to grow up

- perdere i contatti --- to lose contact

- la forza lavoro --- the workforce

- posizione dirigenziale --- management position

- negozio al dettaglio --- retail store

- part-time --- part-time

- parrucchiere --- hairdresser

- tempo pieno --- full-time

- mamma --- mom

- sopraffatto --- overwhelmed

- nuovi volti --- new faces

- evento --- event

- cognata --- sister-in-law

- dall'inizio --- from the get-go

- capirsi --- to hit it off, to understand each other

- legando --- establishing rapport, bonding

- giornalista --- journalist

- di mestiere --- by trade

- scrittrice --- writer

- show televisivo --- TV show

- produrre --- to produce

- compagnia di comunicazione --- media company

- nonna --- grandmother

- zie --- aunts

- salutare --- to greet

- nipoti --- grandchildren, nephews, nieces

- giocare insieme --- to play together

- cortile --- backyard

- foto di gruppo --- group photo

- foto di famiglia --- family photo

- fotografo --- photographer

- esaurirsi --- to burn out

- possibili vie --- possible paths

- consigliare --- to advise

- corso --- course

- appena possibile --- as soon as possible

Domande di comprensione

1. Qual è la professione dello zio di Adriano?

    A) Ingegnere elettrico

    B) Ingegnere civile

    C) Ingegnere chimico

    D) Ingegnere meccanico

2. Per Adriano, i genitori di Marco e Chiara sono...

    A) nonno e nonna.

    B) madre e padre.

    C) zia e zio.

    D) fratello e sorella.

3. Con chi è sposata la cognata di Adriano?

    A) Suo fratello

    B) Suo padre

    C) Suo cugino

    D) Il suo capo

4. Dove giocavano i bambini durante la riunione di famiglia?

    A) A scuola

    B) In casa

    C) Nel cortile

    D) Nella stanza dei giocattoli

5. Quando sei qualificato per un lavoro, ti definiscono...

    A) un dilettante.

    B) forza lavoro.

    C) un'occupazione.

    D) un professionista.

English Translation

Martina happily agreed to accompany Adriano on his visit to his family gathering the following weekend. They were now officially a couple, and it would be a good time to introduce her to his mother, father, and brothers.

Also at the get-together was Adriano's uncle, named Luca. Luca was a mechanical engineer, who worked on all kinds of machines, including steam and gas turbines and electric generators. He was an extremely intelligent man, who helped guide Adriano in his younger years.

While chatting with his uncle, he noticed his two cousins Marco and Chiara in the background. The three of them hung out quite frequently as kids and shared a lot of childhood memories. They grew apart as they got older, unfortunately, and lost contact with one another as they entered the workforce. Marco ended up working his way up to a management position at a retail store. And Chiara was a part-time hairdresser but a full-time mom.

Martina was obviously overwhelmed by all the new faces, but she was able to get to know at least one person at the event. This person was Adriano's sister-in-law Mia. From the very get-go, the two hit it off and established an instant rapport. Martina was a journalist by trade, and Mia was a writer for a TV show that was produced by the same media company they both worked for. While they had seen each other around the office, they had never met until now.

In the end, there were just too many people for Martina to meet and even for Adriano to catch up with. They briefly said hello to his grandmother and aunts, but they never got the chance to greet his nieces and nephews. All the kids were busy playing together in the backyard.

The family was able to take a group photo, which included Martina, who was invited to join in. Every year, it's Adriano's dad who is given the task to create the best family photo possible. Leaving the task to him makes sense, given that he's a professional photographer.

The sun started going down, and the day was growing late. As everyone was leaving, Adriano had another opportunity to speak with his Uncle Luca. He voiced his concerns about burning out at his current job at the insurance company and was considering a few possible paths he could take. Uncle Luca advised him that, even though he's not sure where he wants to work in the future, he should definitely start taking classes as soon as possible. Waiting to start was the worst thing he could possibly do.

CAPITOLO 8 :
FORMAZIONE SCOLASTICA

C on un lavoro a tempo pieno e una fidanzata, l'agenda degli impegni di Adriano si era riempita parecchio. In ogni caso, per avere un futuro migliore, si iscrisse a un programma di laurea in economia alla sua università locale. Adriano aveva già completato un corso di laurea e si era laureato in filosofia, ma come la maggior parte delle lauree, non era la scelta migliore per cercare lavoro e iniziare una carriera.

Questa volta sarebbe stato diverso. Con molta più esperienza e saggezza dalla sua, questa opportunità di proseguire la sua formazione non sarebbe mai andata sprecata. Un programma di laurea in economia sarebbe stato una sfida importante, ma se ci fosse riuscito, le ricompense sarebbero state grandiose. Le lezioni che aveva frequentato al college della comunità sarebbero state una passeggiata a confronto. Serviva uno studio intenso, e tantissima perseveranza.

I libri di testo si dimostravano spesso molto più utili delle lezioni stesse. Alcuni dei professori con cui aveva parlato erano così prolissi che a volte era incredibilmente difficile mantenere la concentrazione. Gli bastava passare la metà del tempo a leggere i capitoli nel libro, per ottenere il doppio delle informazioni che aveva carpito in aula. In ogni caso, gli assistenti erano di grande aiuto, visto che riuscivano a spiegare dei concetti anche complessi, con un linguaggio decisamente basilare.

Per fissare davvero le informazioni serviva un grande impegno fuori dall'aula. I gruppi di studio organizzati dagli studenti ebbero un'importanza cruciale nel dare ad Adriano la motivazione e gli stimoli necessari per fare bene nel corso. Nei gruppi, gli studenti condividevano gli appunti presi in classe, e ripassavano le informazioni che ritenevano potessero comparire negli esami. Non tutto questo tempo era serio però, c'erano parecchie pause in cui si chiacchierava, per stemperare stress e frustrazioni.

Le finali per il primo anno si stavano avvicinando, e l'ansia la faceva da padrona nell'aula nelle ultime lezioni. Nel test erano previste solo domande a risposta aperta, mai multipla. Copiare non sarebbe servito a nulla in questo esame. Le cose le dovevi sapere davvero, per ottenere un buon voto. Adriano e i suoi compagni di corso pagavano delle pesanti rette universitarie, ma non tutti avrebbero superato il test. I promossi a voti alti sarebbero stati i frequentanti delle lezioni, quelli che avevano partecipato ai gruppi di studio e che avevano letto in modo approfondito.

Era quasi come imparare una lingua straniera. Chi riesce meglio di solito si immerge nella lingua. Normalmente si legge il più possibile nella lingua da apprendere, e quando questo diventa impossibile, si passa tutto il tempo libero ad ascoltarla. Questa "immersion" deve avere la precedenza su tutti i vecchi hobby e abitudini. Solo così si diventa realmente fluenti.

La domanda non era se Adriano avrebbe o meno superato l'esame finale, ma piuttosto se sarebbe stato disposto a tutto per arrivare ad essere fluente.

Felice studio! E grazie per la lettura!

Vocabolario

- formazione scolastica --- education

- fidanzata --- girlfriend

- programma di laurea --- degree program

- economia --- economics

- università --- university

- laurearsi --- to graduate

- filosofia --- philosophy

- cercare lavoro --- to look for work

- iniziare una carriera --- starting a career

- esperienza --- experience

- saggezza --- wisdom

- proseguire la sua formazione --- to further one's education

- sfida importante --- major challenge

- college della comunità --- community college

- passeggiata a confronto --- cake walk

- studio intenso --- intense study

- perseveranza --- perseverance

- libri di testo --- textbooks

- professori --- professors

- prolissi --- wordy

- mantenere la concentrazione --- to maintain focus

- leggere i capitoli --- reading chapters

- aula --- classroom

- assistenti --- assistants

- concetti complessi --- complex concepts

- linguaggio decisamente basilare --- very basic language

- fissare le informazioni --- to make information stick

- grande impegno --- great effort

- gruppi di studio --- study groups

- motivazione e stimoli --- motivation and stimuli

- appunti --- notes

- ripassare le informazioni --- to review information

- esami --- exams

- chiacchierare --- to chatter

- stemperare --- to defuse, to dissolve

- frustrazione --- frustration

- finali --- finals

- test --- test

- domande aperte --- open-ended (essay) questions

- multipla --- multiple

- copiare --- to copy

- buon voto --- good grade

- pesanti --- hefty

- rette universitarie --- university tuition

- superare il test --- to pass the test

- frequentare --- to attend

- partecipare --- to participate

- in modo approfondito --- in depth

- voti alti --- high marks

- apprendere --- to learn

- lingua straniera --- foreign language

- tempo libero --- free time

- immergersi --- to immerse

- avere la precedenza --- to take precedence

- abitudini --- habits

- fluenti --- fluent

- esame finale --- final exam

Domande di comprensione

1. Dove frequenta le sue lezioni di economia Adriano?

    A) Con un programma online

    B) In un'università locale

    C) In un college comunitario

    D) Con un tutor

2. Quando si parla di una sfida formidabile, intendiamo dire...

    A) facile.

    B) impossibile.

    C) preoccupante.

    D) possibile.

3. Quale problema avevano le lezioni?

    A) Si svolgevano in tarda notte.

    B) Gli amici di Adriano parlavano durante le lezioni.

    C) Le spiegazioni del professore erano troppo complicate.

    D) Al professore non piacevano gli studenti.

4. Chi ha organizzato i gruppi di studio?

    A) Gli studenti

    B) Gli assistenti dell'insegnante

    C) Adriano

    D) Il professore

5. L'esame finale era quale tipo di test?

    A) Tutte domande a scelta multipla

    B) Un insieme di domande a scelta multipla e a risposta aperta

    C) Un insieme di copiatura e pesanti tasse universitarie

    D) Solo domande a risposta aperta

English Translation

With a full-time job and a girlfriend, Adriano's schedule was pretty tightly packed. But for the sake of a better future, he enrolled in a graduate program for economics at his local university. Adriano had already completed an undergraduate program and graduated with a bachelor's degree in philosophy, yet like most liberal arts degrees, it was not the greatest choice for seeking employment and starting a career.

This time would be different. With much more experience and wisdom, this opportunity to further his education would not go wasted. A graduate program in economics was going to be a formidable challenge, but if he succeeded, the rewards would be great. The classes he took at community college would be a cakewalk compared to this. Intense study and perseverance would be required.

The textbooks would often prove to be much more useful than the lectures. Some of the professors he had talked with such long-winded delivery that it was incredibly difficult to maintain focus in class. He could spend half the time reading chapters from the book and come away with double the information he got in the lecture hall. The teacher assistants, however, were most helpful, as they could explain complex concepts using very basic language.

To make the information stick, serious work was needed to be done outside the classroom. Study groups organized by students were instrumental in providing Adriano the motivation and drive required to do well in the course. In the groups, students shared the notes they took in class and reviewed the information they thought would appear on the exams. Not all this time was serious though, as there were multiple breaks where chit-chat was encouraged as a means to vent built-up stress and frustration.

Finals for the first year were approaching, and anxiety filled the classroom during the last few lectures. On the test would be essay questions only; there would be no multiple choice. Copying wasn't going to get you anywhere on this test. You had to know the information in order to get a good grade. Adriano and all his classmates paid hefty tuition fees, but not all would pass the test. It would be those who attended the lectures, participated in the study groups, and read extensively that would pass with high marks.

It was very much like learning a foreign language. Those who do the best are those who immerse themselves in the foreign language. They read as much as possible in the target language, and when they can no longer read, they spend all their free time listening to the target language. Immersion takes precedence over their old hobbies and lifestyles. That's how they achieve high levels of fluency.

The question is not whether or not Adriano passed the final exam. The true question is whether or not you will do what it takes in order to achieve fluency.

Happy studying! And thank you for reading!

DID YOU ENJOY THE READ?

Thank you so much for taking the time to read our book! We hope you have enjoyed it and learned tons of vocabulary in the process.

If you would like to support our work, please consider writing a customer review on Amazon, Goodreads, or wherever you purchased our book from. It would mean the world to us!

We read each and every single review posted, and we use all the feedback we receive to write even better books.

ANSWER KEY

Chapter 1:
1) C
2) D
3) B
4) C
5) C

Chapter 2:
1) B
2) C
3) A
4) D
5) B

Chapter 3:
1) D
2) B
3) A
4) C
5) C

Chapter 4:
1) D
2) C
3) A
4) D
5) B

Chapter 5:
1) D
2) C
3) A
4) C
5) B

Chapter 6:
1) B
2) A
3) C
4) B
5) A

Chapter 7:
1) D
2) C
3) A
4) C
5) D

Chapter 8:
1) B
2) C
3) C
4) A
5) D

Lightning Source UK Ltd.
Milton Keynes UK
UKHW011907241021
392768UK00001B/19